AF453289

MÉMOIRE

POUR MADAME

La Duchesse de Berri,

AU NOM ET COMME TUTRICE

de M. le Duc de Bordeaux.

MÉMOIRE

POUR

MADAME LA DUCHESSE DE BERRI,

AU NOM ET COMME TUTRICE

de M. le Duc de Bordeaux,

DANS LA CAUSE RELATIVE A LA POSSESSION

du Domaine de Chambord.

PARIS,

A. PIHAN DE LA FOREST,

IMPRIMEUR DE LA COUR DE CASSATION,

RUE DES NOYERS, N° 37.

MÉMOIRE

DANS LA CAUSE RELATIVE A LA POSSESSION

DU

DOMAINE DE CHAMBORD.

Tribun
de Premiè
instance, sé
à Blois.

Les faits de la cause sont connus : on ne les rappelera qu'autant qu'ils viendront se placer dans l'ordre de la discussion.

On s'arrêtera seulement à deux points essentiels, pour bien déterminer les qualités des parties.

M. le Duc de Bordeaux est en possession.

C'est l'État qui a commis le trouble, en essayant d'apposer un séquestre qui a donné lieu à un référé, en formant des saisies-arrêts entre les mains des fermiers, et en dressant un prétendu procès-verbal de prise de possession, qui n'a été suivi d'aucune appréhension, ni jouissance réelle : ces actes ont constitué le trouble à l'égard de M. le Duc de Bordeaux, resté d'ailleurs en possession effective ; c'est à ce trouble qu'il défend.

Il est donc défendeur, dans la vérité des faits, bien que demandeur en complainte. Car c'est l'État qui a agi par trouble et voie de fait : M. le Duc de Bordeaux se défend, en demandant *à être gardé et maintenu* en possession.

Il était important de rétablir ces qualités pour prévenir la confusion perpétuelle qu'on a essayé de faire, au nom du domaine, entre le demandeur et le défendeur.

Les qualités ainsi reconnues, on examinera les questions suivantes :

1° A qui, de l'État ou de M. le Duc de Bordeaux, est imposée la preuve que la possession est précaire, ou non précaire ?

2° Quelle est l'origine, et quels sont les caractères de la possession de M. le Duc de Bordeaux ?

3° Dans aucun cas, l'État peut-il prétendre que le domaine de Chambord ait fait retour à son profit ?

§ Ier

A qui est imposée la preuve que la possession est précaire ou non précaire ?

La régie des domaines reconnaît que la possession de M. le Duc de Bordeaux a été paisible, publique ; mais elle soutient qu'elle a été précaire, et que c'est au demandeur à prouver qu'elle ne l'a pas été.

La doctrine qui obligerait le possesseur troublé

à faire la *preuve négative*, c'est-à-dire, à prouver que sa possession n'est pas précaire, serait subversive de toutes les notions de la raison et du droit.

La société repose sur ce principe d'ordre public, qu'*il n'est permis à personne de se faire justice à soi-même.*

Quoi de plus contraire à ce principe que d'admettre que celui qui aura commis un trouble, une voie de fait, que le perturbateur se donnera le droit, par cet acte de violence, de demander au possesseur paisible les preuves de sa possession?

Ce serait autoriser tous les actes illégaux, toutes les usurpations que la loi a pour objet de réprimer.

La loi veut que celui qui prétend avoir un droit, le réclame devant la justice : elle lui impose, avant tout, l'obligation de le prouver ; *onus probandi incumbit actori.* Et l'on voudrait qu'il pût dépendre d'un perturbateur d'intervertir cet ordre légal ; et, parce qu'au lieu de soumettre son droit à la justice, il aurait prétendu se faire justice à lui-même, il aurait acquis un droit, et privé l'autre partie d'un moyen de défense ; et lui, que la loi aurait chargé de la preuve, s'il se fût adressé régulièrement à la justice, il en serait dispensé et la rejetterait sur son adversaire, précisément parce qu'il aurait manqué à la loi et troublé l'ordre public !

Une pareille doctrine est trop contraire à la rai-

son pour qu'elle puisse être accueillie par les magistrats.

Mais il faut l'examiner dans les termes du droit,
et dans ce qui est particulièrement relatif à la
possession.

La possession est fondée sur le fait : le titre de
celui qui possède est dans la possession même. Si
cette possession a tous les caractères apparens auxquels on reconnaît la propriété, il n'y a rien de
plus à demander, et le possesseur troublé n'a sim-
plement qu'à opposer le fait qu'il possède.

Si donc on prétend que sa possession n'est
pas légale, et qu'elle est fondée sur un titre qui
implique reconnaissance du droit d'un tiers, c'est à
l'auteur du trouble à prouver ce qu'il avance : car
ceci ne tient plus au fait de la possession et à ses caractères extérieurs, mais à sa cause. Or, la présomption est en faveur de celui qui possède, et
cette présomption subsiste jusqu'à la preuve contraire.

Telle est la disposition précise de l'article 2230
du Code civil, et cet article sert parfaitement à
déterminer le sens de l'article 23 du Code de procédure.

L'article 2230 est ainsi conçu :

« On est toujours présumé posséder pour soi,
« et à titre de propriétaire, s'il n'est prouvé
« qu'on a commencé à posséder pour un autre. »

S'il n'est prouvé, mais par qui ? Assurément ce n'est pas par celui qui possède ; la loi vient d'établir la présomption en sa faveur, telle qu'elle est définie par l'article 1352 du Code, qui dispense de toute preuve celui au profit duquel elle existe, à moins que la loi n'ait réservé la preuve contraire. Cette preuve contraire doit donc être faite par celui qui attaque la possession ; c'est lui qui doit démontrer que la possession est vicieuse en prouvant qu'on a commencé à posséder pour un autre.

Voilà donc le principe, que la preuve doit être faite par celui qui attaque la possession, bien manifestement établi.

Or, la possession dont parle l'article 2230, cette possession où l'on a commencé à posséder pour un autre, est bien la possession à titre précaire dont s'occupe également l'article 23 du Code de procédure. Comment et par quels motifs la preuve serait-elle soumise à des règles différentes dans le cas de ce dernier article que dans le cas de l'article 2230 ?

L'article 23 exige pour les actions possessoires *la possession annale, paisible, à titre non précaire.*

Ces derniers mots sont remarquables : la loi ne demande pas au possesseur une preuve ; la négation ne se prouve pas : elle demande qu'il ne soit pas prouvé contre lui que son titre est précaire, et l'article 23 rentre ainsi dans les dispositions de l'article 2230 du Code civil, *s'il n'est prouvé qu'on a commencé à posséder pour un autre*.

Qu'on réfléchisse sur les principes et l'économie de la loi, et l'on se convaincra que l'article 23 ne peut être entendu autrement. Car obliger le possesseur à justifier d'un titre légitime, c'eût été aller directement contre le but et l'esprit de la possession : la possession est destinée à suppléer le titre; elle tire son droit du fait seul : lui demander d'autre titre que le fait sur lequel elle se fonde, c'eût été l'anéantir.

Au contraire, dans les combinaisons de la loi, le fait de la possession une fois établi, tout est prouvé pour celui qui possède. Mais tout n'est pas fini pour cela : on peut prouver contre lui que son titre est précaire, et faire cesser la présomption légale qui résulte de la possession par la preuve qu'il a possédé pour un autre. Ainsi tous les effets sont conservés à la possession et au titre, et tout s'enchaîne dans les dispositions de la loi.

On a cherché une interprétation à l'article 23 du Code de procédure dans l'article 2229 du Code civil : mais cette interprétation doit être faite sainement, et il ne faut pas vouloir remplacer ces mots de l'article 23, *à titre non précaire*, par ceux

de l'article 2229, *à titre de propriétaire*. En effet,
ces expressions ne doivent pas être confondues,
pas plus que les articles où elles se trouvent.
Dans l'art. 2229, il s'agit de prescrire *la propriété* : on conçoit que la loi ait été plus affirmative, et ne se soit pas contentée des mots *à titre
non précaire*. Mais dans l'article 23 il s'agit de la
complainte, qui ne préjuge rien sur la propriété;
la loi a voulu seulement qu'il n'existât pas de
titre contraire à la possession.

Cette distinction n'a pas échappé à M. Favard
de Langlade. Voici comment il s'en explique au
mot *Complainte* dans son Répertoire de jurisprudence :

« Pour prescrire la propriété, il faut, il est
« vrai, une possession à titre de propriétaire,
« aux termes de l'art. 2229 du Code civil; mais
« suivant l'art. 23 du Code de procédure, il
« suffit, pour intenter l'action en complainte, d'a-
« voir une possession annale, paisible, à titre
« non précaire. Et qu'entend la loi par ces der-
« niers mots ? Elle désigne le titre de celui qui a
« un droit propre, indépendant de celui du pro-
« priétaire, qui possède *pro suo*, qui a droit par
« son titre à la propriété de tout ce que produit
« l'héritage, qui jouit comme le propriétaire,
« en un mot, celui qui a le domaine utile. »

Il est donc vrai que les mots *à titre de proprié-*

taire ne s'appliquent pas à l'action en complainte, et la différence des expressions dans les deux articles indique assez que la loi n'a pas voulu dans un cas ce qu'elle a exigé dans l'autre.

Cette distinction établie, on est ramené à ce qui tranche la question, à l'art. 2230, que la régie semble n'avoir pas voulu lire.

Car cet article pose une règle générale applicable à toute possession, soit qu'elle doive avoir lieu à titre non précaire ou à titre de propriétaire: c'est qu'on est présumé avoir possédé pour soi, *s'il n'est prouvé qu'on a commencé à posséder pour un autre*; et comme nécessairement ce n'est pas celui qui possède qui doit prouver contre sa possession, c'est donc à celui qui attaque la possession à prouver qu'elle n'a été que précaire : jusque-là, la présomption est pour le possesseur; il n'a pas autre chose à justifier, si ce n'est le fait même de sa possession.

Qu'on dise ensuite que si un perturbateur, un voleur même, *s'est mis en possession* de la chose d'autrui, le possesseur injustement dépossédé devra commencer, pour se faire réintégrer, par prouver la légitimité de sa possession, cette opinion ne fait que confirmer ce qui vient d'être établi : rien ne prouve mieux la présomption qui est due à la possession; car quelque injuste, quelque illégale qu'en soit l'origine, l'auteur de l'usurpation a un titre, par cela seul qu'il possède, jusqu'à ce que le possesseur légitime prouve l'illégalité de la possession.

C'est donc toujours à celui qui veut se faire mettre en possession ou y rentrer à prouver le vice du titre de celui qui possède, et celui qui, étant en possession, demande à y être maintenu, se défend par le fait seul de la possession; car il n'est demandeur que pour être maintenu, et défend dans la réalité au trouble intenté contre lui: le demandeur véritable est celui qui demande à être mis en possession.

Or, quelle est la position respective de l'État et de M. le Duc de Bordeaux? il ne faut pas l'oublier, le prince est en possession; il est donc par cela seul présumé posséder pour soi, s'il n'est prouvé qu'il a commencé à posséder pour un autre. L'État, dans la réalité, demande à être mis en possession : c'est donc à lui à prouver que la possession de M. le Duc de Bordeaux n'a été que précaire. Jusqu'à cette preuve, la présomption est en faveur du Prince : sa possession est réputée à titre non précaire.

Il faut donc conclure sur cette première question que ce n'est pas à celui qui possède à justifier contre l'auteur du trouble le titre de sa possession, mais à celui qui attaque cette possession à prouver qu'elle n'est qu'à titre précaire.

(14)

La doctrine contraire serait aussi inconciliable
avec les règles du droit qu'avec les principes de
l'ordre public et la tranquillité de la société.

§ II.

*Quelle est l'origine, et quels sont les caractères
de la possession de M. le Duc de Bordeaux?*

Il vient d'être démontré qu'à l'État est imposée
la preuve que la possession de M. le Duc de Bordeaux n'a été que précaire.

L'État fait-il cette preuve?

L'État avance que M. le Duc de Bordeaux n'a
possédé Chambord que comme apanage, et par
conséquent à titre purement précaire.

Ce n'est pas encore le lieu d'établir que la conséquence serait fausse, lors même que le fait serait admis.

Il s'agit ici d'examiner comment l'État prouve
ce qu'il avance.

Trois genres de preuves :

L'ensemble des circonstances ;

Les actes intervenus ;

Le mode de possession.

Un principe domine toute cette question.

Ne fait pas apanage qui veut, et tout domaine,
quelque illustration qui s'y rattache, n'est pas ;

par cela seul, susceptible de devenir *apanage*.

L'apanage, d'après la définition qu'en donnent les anciens auteurs, était un démembrement des biens de l'État. C'était là le caractère primitif qu'un domaine devait avoir pour être susceptible d'être érigé en apanage.

Quant aux formes d'érection, elles se faisaient par lettres-patentes enregistrées en Parlement, et ayant alors force de loi.

Telle était la règle sous l'ancienne législation.

Depuis, intervint la loi du 22 novembre — 1er décembre 1790, qui abolit les apanages.

Une législation intermédiaire, établie par un sénatus-consulte du 30 janvier 1810, permit de former des apanages, en modifiant toutefois les anciennes règles.

Ces apanages devaient être pris dans le domaine privé, ou le domaine extraordinaire, dont on sait que le chef du gouvernement avait alors la libre disposition.

S'il y avait nécessité d'y pourvoir sur le domaine de l'État, *il fallait un sénatus-consulte*.

On voit donc que, soit d'après les anciens principes, soit d'après la législation intermédiaire, un domaine particulier ne pouvait, dans aucun cas, être érigé en apanage.

Depuis la restauration, on ne trouve qu'un seul exemple d'apanage : c'est dans la loi du 15 janvier 1825, en faveur des princes de la maison d'Orléans.

Cet apanage n'était pas de création nouvelle. Les biens, dont il était formé, furent restitués à ces princes aux mêmes titres qu'ils leur avaient été affectés autrefois, et cependant quoique ces biens n'eussent fait que reprendre leur caractère primitif, les ordonnances royales de restitution ne parurent pas suffisantes : il fut inséré dans la loi du 15 janvier 1825, sur la liste civile de Charles X, un article spécial pour déclarer que *les biens restitués à la branche d'Orléans, et provenant de leur ancien apanage, continueraient à être possédés aux mêmes titre et conditions par le chef de cette branche.*

Il est donc vrai qu'une loi fut regardée comme nécessaire, même pour rendre à un ancien apanage son caractère primitif. Qu'eût-ce été, s'il se fût agi de conférer ce caractère à un domaine privé, et de le faire sortir de la classe des biens particuliers pour le constituer en apanage !

Examinons maintenant en présence de ces règles les preuves qu'on nous oppose.

1° *Le vœu de quelques souscripteurs, qui auraient demandé, soit individuellement, soit collectivement, que Chambord fût érigé en apanage.*

Mais que signifie un pareil vœu ? quelle force peut-on y attacher ? des individus, des corps mêmes pouvaient-ils ce qu'un des trois pouvoirs de l'État n'aurait pu faire isolément, ce qui aurait au moins exigé leur concours ?

2° *La vérification et l'apurement par la Cour des comptes des dépenses relatives à l'acquisition de Chambord.* Cette circonstance a paru assez grave au ministère public pour lui donner place dans les considérans dont il a fait précéder *ses réquisitions.*

Mais cette circonstance est loin de se prêter aux conséquences qu'on en voudrait tirer.

Sans doute, la Cour des comptes est instituée pour vérifier les comptes des deniers publics : elle a, comme tous les pouvoirs judiciaires, des règles de compétence. Mais, cour unique et suprême, placée entre l'État et les particuliers, élevée à cette position indépendante qui est la garantie de tous, elle peut intervenir, quand la demande en est faite, et que le roi en a accordé l'autorisation, dans les vérifications de dépenses où seraient intéressées des collections d'individus. C'est ce qui est arrivé plusieurs fois, sans que les deniers dont les comptes ont été apurés par elle aient été considérés comme deniers de l'État.

Ainsi, les comptes auxquels a donné lieu la souscription pour la statue de Henri IV ont été vérifiés par la Cour des comptes, et cette statue n'en a pas moins été regardée comme érigée avec

2

les deniers particuliers des citoyens, ainsi que l'atteste l'inscription qu'on lit au bas de ce monument : *cives ære collato restituerunt.*

Il y a plus, en ce qui concerne particulièrement Chambord, il existe au Bulletin des lois (1), une ordonnance du roi, du 29 juillet 1827, qui, sur la demande formée par la commission chargée de *recevoir et administrer les fonds de la souscription, autorise* la Cour des comptes à recevoir le compte de cette commission, *pour être examiné et consacré dans les mêmes formes,* porte le préambule, *que celles qui sont établies pour le jugement des recettes et dépenses publiques.* Or, si les dépenses pour Chambord avaient été dépenses publiques, il n'y aurait pas eu besoin d'une ordonnance spéciale pour autoriser la cour à en recevoir les comptes, puisque leur examen serait naturellement rentré dans sa compétence, et l'on n'aurait pas dit qu'on suivrait les formes établies pour le jugement des recettes et dépenses publiques, puisque ces dépenses auraient eu de leur nature un caractère public. Rien donc ne prouve mieux qu'elles n'étaient pas considérées comme telles et qu'elles n'avaient pas ce caractère ; leur vérification par la Cour des comptes n'était donc qu'une garantie plus solennelle donnée à l'emploi des deniers des souscrip-

---

(1) *Bulletin des lois,* 1827. 2ᵉ série, n° 180.

teurs, et une décharge plus authentique de la responsabilité de la commission.

Mais c'est ici le lieu de placer en regard une preuve également décisive, que, dès le premier moment, Chambord ne fut pas regardé comme apanage par le domaine.

En effet, dès l'acquisition consommée au profit du Prince par l'acte d'adjudication du 5 mars 1821, la régie de l'enregistrement réclama le droit proportionnel liquidé à 96,497 fr. 51 cent. Un sursis fut accordé et successivement prorogé pour le paiement : mais l'acte n'en fut pas moins enregistré en débet (1). Les choses étaient dans cet état, à l'époque des événemens de 1830, et l'on se mettait en devoir au nom de M. le Duc de Bordeaux de remplir cette obligation : mais dans la vue sans doute du procès actuel, et trois mois avant les

---

(1) *Enregistré en débet.* C'est ce qui arrive souvent pour les actes translatifs de propriété sur lesquels doivent être perçus des droits considérables ou pour les droits de succession dont le paiement immédiat embarrasserait les débiteurs. On en a vu un exemple dans ce qui a été fait par le duc d'Orléans, la veille de son avénement au trône. La donation qu'il fit de tous ses biens aux princes, ses enfans, avec réserve d'usufruit, a été également *enregistrée en débet*.

C'est ainsi encore que des délais ont été accordés pour les droits de mutation à payer par M. le duc d'Aumale, légataire universel de M. le prince de Condé.

saisies-arrêts pratiquées sur Chambord, la régie par lettre du 29 août 1832, portant le n° 11900, fit défense au receveur d'exiger et de recevoir le droit. Toujours reste-t-il la preuve que Chambord ne fut pas regardé par la régie comme apanage, puisque le droit demandé fut celui qui se prélève sur les ventes des biens particuliers.

La régie des domaines invoque en second lieu, comme preuve de l'apanage, *les actes intervenus*.

Il est aisé de voir l'embarras qu'elle éprouve pour qualifier ces actes. Ce qu'elle appelle d'abord *ordonnance*, n'est plus dans les conclusions du ministère public que *l'acte du* 13 *février* 1830.

Il faut en apprécier le véritable caractère.

Il existe un acte authentique, public, qui a transféré à M. le Duc de Bordeaux la propriété de Chambord; dans cet acte du 5 mars 1821, il n'est pas question d'apanage; on en convient.

On ne trouve pas cette dénomination dans le discours prononcé le 7 février 1830 par le président de la commission; et, pour donner plus de force à l'absence de cette qualification, il a été révélé à la tribune de la chambre des députés, par le rapporteur d'une commission, M. Thil, qu'une auguste princesse, tutrice de son fils, s'était opposée à ce que Chambord fût qualifié d'apanage.

Que reste-t-il donc pour faire de Chambord

un apanage? Ce qu'on appelle *l'acte du 13 février* 1830; et cet acte quel est-il?

Il aurait fallu au moins une loi pour ériger Chambord de domaine particulier en apanage; et l'acte qu'on présente n'est pas même un projet d'ordonnance. C'est un simple rapport de l'intendant de la maison du roi, portant l'approuvé de Charles X , mais sans publicité, sans insertion au Bulletin des lois , qui n'est contre-signé d'aucun ministre responsable. Aucune des formes ni des lois anciennes, ni des lois intermédiaires, ni de notre législation actuelle, n'a été observée. Cet acte est donc sans force, et n'a pu ôter au domaine de Chambord le caractère qui lui est acquis de propriété privée.

En troisième lieu, la régie des domaines apporte, pour preuve de l'apanage et de la précarité du titre, le mode de possession par la commission de souscription, les actes d'administration faits par elle , *en attendant qu'il fût fait hommage du domaine de Chambord à M. le Duc de Bordeaux*, et les actes faits postérieurement à février 1830, par les agens du Prince, prenant la qualité de gérans de l'apanage de Chambord.

La commission administrait; mais elle ne possédait pas. Car rien n'est plus exclusif de la possession que la qualité d'administrateur. C'est bien à elle qu'on aurait pu opposer la précarité du titre ; car elle ne jouissait pas pour son propre compte, et l'existence seule de cette commission *administrant Chambord* , attestait qu'il y avait un tiers pour lequel elle possédait.

La première partie de l'intitulé des actes de la commission détruit donc toute l'argumentation qu'on voudrait tirer de ces mots, *en attendant qu'il soit fait hommage*, puisqu'elle est la reconnaissance la plus formelle que la commission n'était pas propriétaire, et que la propriété, ne pouvant rester incertaine et suspendue, reposait dèslors sur la tête du Prince, au profit duquel le domaine avait été acheté. Ces mots d'*hommage*, dans le cas actuel, s'appliquaient spécialement à *une remise de titres* que la convenance et le respect ne permettaient pas de faire avant que le prix de l'acquisition ne fût entièrement soldé, et vont se perdre dans ces formes de pure solennité qui ne changent rien aux actes et ne peuvent surtout en dénaturer l'essence.

Quant aux actes postérieurs à février 1830., où les agens du Prince ont pris la qualité de gérans de l'apanage de Chambord, peut-il dépendre d'agens, quels qu'ils soient, de donner au domaine qu'ils administrent un autre caractère que celui qui lui appartient, de changer le titre de la propriété , et surtout de faire un apanage?

Au reste, pour savoir quelle valeur on doit at-

tacher aux intitulés d'actes et même de lois, on
ne peut mieux faire que de citer le passage d'une
dissertation de M. Dupin aîné, imprimée en 1818,
en faveur des apanages de M. le duc d'Orléans,
et où cet habile jurisconsulte, discutant la loi du
6 avril 1791, s'exprime ainsi :

« Elle est intitulée *loi portant suppression des*
« *apanages*. Mais il ne faut pas s'arrêter au titre:
« le titre d'une loi n'est point l'ouvrage du légis-
« lateur ; les lois se décrètent sans titre, et le titre
« que chacune d'elles porte dans les collections
« officielles, n'y a été mis que par le directeur de
« l'imprimerie, sous l'inspection du ministre de
« la justice. C'est ce que l'auteur du Répertoire
« de Jurisprudence présente comme un point de
« fait dont la certitude ne peut être contestée. »

Ce que le savant jurisconsulte dit des intitulés
des lois, placés sous l'inspection du ministre de la
justice, à plus forte raison peut-on le dire des intitulés d'actes d'administrateurs et d'agens, qui
n'ont pas un surveillant aussi éclairé, et n'intéres-
sent pas à un aussi haut point le public.

De toutes les preuves que présente le domaine,
il n'en est donc aucune d'où puisse résulter que
Chambord ait été constitué apanage, et qu'il ait
été considéré comme tel.

Mais si Chambord n'a pas été constitué en apanage, toute l'argumentation de l'État s'écroule ainsi

que la prétendue précarité du titre. Car il soutenait le titre de la possession précaire, parce que Chambord était apanager. C'était donc là ce qu'il était tenu de prouver; mais s'il n'a pas fait cette preuve; s'il est démontré qu'il lui est impossible de la faire, il est donc sans droit, sans titre, pour attaquer la possession de M. le Duc de Bordeaux. Le prince reste donc avec le fait de sa possession telle qu'elle est reconnue par l'État lui-même, *paisible, publique :* cette possession est son titre qui le dispense au possessoire de tous autres ; car il est présumé, par le fait seul de cette possession, *avoir possédé pour soi,* et l'État ne prouve pas contre lui qu'*il a commencé à posséder pour un autre.*

Toute la cause est donc là, et les principes de la possession ne permettent pas aux magistrats d'hésiter à la reconnaître en faveur de M. le Duc de Bordeaux.

Là, aussi, devrait s'arrêter la discussion dans une cause ordinaire : mais d'autres questions ont été traitées, elles ne doivent pas rester sans réponse : leur examen fortifiera d'autant plus les preuves et les doctrines qui viennent d'être établies.

La preuve est imposée à l'État :

M. le Duc de Bordeaux n'en a aucune à faire. Mais sans abandonner ce droit qu'il tient de sa possession , on établira dans cette seconde partie qu'elle est incontestable dans son origine, dans son titre , dans ses caractères. Ainsi sa possession s'appuiera sur cette double proposition, que l'État ne prouve rien contre lui, et qu'il prouve tout contre l'État.

La possession de M. le Duc de Bordeaux remonte à l'acte d'adjudication du 5 mars 1821. C'est là le titre de sa propriété.

On a compris toute la puissance de cet acte , et l'on a voulu lui dénier les effets d'une transmission actuelle et immédiate de la propriété.

Mais quelle saisine plus instantanée , plus directe , que celle qui résulte de cette déclaration, que *le domaine est acheté dès à présent au profit de M. le Duc de Bordeaux ?* Car , quel est le propriétaire , si ce n'est celui au profit duquel l'immeuble est acheté ?

Il est parlé dans ce qui précède *d'hommage à faire au nom de la France* à M. le Duc de Bordeaux : mais il n'y a là rien de suspensif ; qu'on lise attentivement la déclaration, et l'on se convaincra , si l'on est de bonne foi, que l'acquisition et l'hommage y sont faits tout ensemble, *uno tractu temporis. L'hommage à faire* , voilà le but de l'acquisition ; mais ce but est au même instant rempli ; l'hommage est fait immédiatement. Car de suite on déclare que le domaine est *en consé-*

quence acheté dès à présent au profit du Prince. *En conséquence*, ce terme dit tout ; il indique clairement que ce qui va être fait est la mise à exécution, la conclusion de ce qui précède. Le but est atteint, l'hommage est accompli ; car c'est *en conséquence* de cet hommage que le domaine est acheté *dès à présent* au profit de M. le Duc de Bordeaux. Tout est donc consommé, l'acquisition et l'hommage : il n'y a pas d'intervalle de temps qui sépare l'hommage de l'acquisition. La propriété est au même instant acquise et offerte à M. le Duc de Bordeaux.

Non-seulement cela résulte de l'acte : mais la force des choses le voulait ainsi. M. de Calonne n'achetait pas pour lui ; il déclare dans l'acte accepter l'adjudication *au nom de la commission générale de la souscription de Chambord*, dont il se porte fort. La commission ne se présentait pas davantage comme devant être propriétaire : elle aurait manqué à son mandat, elle était chargée *de recouvrer et administrer les fonds provenant de la souscription ouverte pour l'acquisition du domaine de Chambord* (1); elle acquérait, elle stipulait pour se dégager de son obligation envers

----

(1) Termes de l'ordonnance du 29 juillet 1827, qui autorise la Cour des comptes à recevoir le compte des dépenses.

les souscripteurs. Aussi n'y eut-il qu'un seul droit demandé par la régie des domaines pour l'acquisition de Chambord. Or, si la propriété eût appartenu d'abord à la souscription, et n'avait été transmise qu'en 1830 à M. le Duc de Bordeaux, il eût été nécessairement demandé un double droit de mutation.

La propriété ne pouvait rester incertaine et flottante; elle fut déclarée dès le premier moment *achetée au profit de M. le Duc de Bordeaux.*

On a demandé, si, dans le cas où le prix d'acquisition n'eût pas été payé, le Prince aurait pu être obligé au paiement, si, dans le cas de mort avant l'acquittement du prix, il aurait transmis l'obligation à ses héritiers : nous n'hésiterons pas à répondre par l'affirmative. Ou le Prince aurait payé, ou le contrat aurait été résolu contre lui : il se serait trouvé dans la position du détenteur, qui doit payer le prix ou qui est obligé de déguerpir. Le détenteur n'en a pas moins tous les droits de la propriété, et c'est parce qu'il en a les droits qu'il est soumis aux charges qu'elle impose.

En un mot, tous les effets de la propriété avaient été immédiatement transmis à M. le Duc de Bordeaux par l'acte du 5 mars 1821; et cet acte n'avait plus rien à attendre pour former le titre de propriété le plus authentique et le plus complet. Tout ce qui a eu lieu depuis ne pouvait donc rien y ajouter, et moins encore rien lui ôter de ce qui constitue son essence.

Si l'on cherche maintenant le caractère légal de cet acte, on le trouve dans la stipulation permise au profit d'un tiers par l'article 1121 du Code. Il suffit, pour qu'elle ne puisse plus être révoquée, que le tiers ait déclaré vouloir en profiter.

Le ministère public a opposé à cet article, dans ses conclusions, que nul n'avait stipulé les intérêts de M. le Duc de Bordeaux, et qu'en supposant que M. de Calonne eût eu l'intention d'acquérir pour le prince, la ratification de cet acte ne pouvait se trouver que dans celui du 13 février 1830, qui contient acceptation à *titre d'apanage*.

La réponse à ces objections est facile.

Dans le cas de l'article 1121, on ne stipule pas pour le tiers, mais *à son profit*. Il n'est donc pas besoin qu'il y ait quelqu'un qui le représente : il suffit que plus tard il déclare vouloir profiter de ce qui a été fait pour lui.

Aussi l'on peut stipuler au profit d'un mineur, d'une commune, quoiqu'on ne puisse pas les représenter, et si plus tard ils annoncent vouloir en profiter, la stipulation ne peut plus être révoquée. C'est ce qui a été jugé au profit d'une commune, par un arrêt de la Cour de Bourges, du 9 juin 1828.

D'ailleurs, la déclaration du tiers, qu'il veut

profiter de la stipulation , n'a pas besoin d'être expresse : elle peut résulter de simples actes, de faits
de possession. C'est ce qui ressort d'un arrêt de la
Cour de cassation du 15 mai 1827, où l'on voit par-
mi les motifs qui firent annuler une stipulation au
profit d'un tiers, qu'il n'avait pas ratifié le contrat,
soit d'une manière formelle, soit en l'exécutant
par des faits de possession.

Or , les faits de possession ne manquent pas
dans la cause, et jamais manifestation de volonté
ne fut plus publique.

Le ministère public ne veut voir d'acceptation
que dans l'acte du 13 février 1830, et de là il fait
résulter la conséquence que Chambord ayant été
accepté comme apanage , la jouissance n'a été
qu'apanagère.

Mais d'abord , dès avant 1830 , les faits et actes
avaient déclaré, aux yeux de toute la France, que
l'acquisition de Chambord avait été acceptée, et
personne n'attendait, pour le croire, l'acte du 13
février 1830, qui est resté secret et inconnu du
public.

En second lieu , à cette même époque, madame
la duchesse de Berri, comme tutrice de son fils(1),

____

(1) Madame était tutrice :
Le roi Louis XVIII, par son ordonnance du 25 avril 1820,
ne s'était réservé que les droits de la puissance paternelle

avait suffisamment fait connaître qu'elle entendait profiter, pour M. le Duc de Bordeaux, de l'acquisition de Chambord, en demandant, ce qui fut accordé à ses représentations, qu'on supprimât la dénomination d'apanage, qui tendait à diminuer dans les mains de son fils la pleine et entière propriété résultant en sa faveur de l'acte du 5 mars 1821.

Plus tard, au mois d'avril 1831, cette même Princesse renouvela cette manifestation de volonté

---

sur la personne; ceux attachés à l'administration des biens avaient été conservés à la tutrice.

Louis, etc.

Voulant pourvoir à ce qui concerne la tutelle des enfans de feu notre bien-aimé neveu, etc.

Nous avons ordonné et ordonnons ce qui suit :

Article I.

Nous déclarons réserver et attribuer au besoin à nous et à notre couronne, tous les droits de la puissance paternelle sur la personne de notre bien-aimée petite-nièce...... comme aussi sur la personne de l'enfant dont notre bien-aimée nièce Caroline-Ferdinande des Deux-Siciles, duchesse de Berri, est enceinte.

Article II.

La tutelle et la curatelle, quant aux biens et à l'administration des biens, seront réglées conformément à ce qui est prescrit par le Code civil. Nous nous réservons néanmoins la nomination de tous tuteurs onéraires, subrogés-tuteurs et curateurs.

en faisant, au nom de son fils, les actes de possession les plus déclaratifs. Une telle manifestation eût suffi même, à cette époque, si déja elle n'avait eu lieu, car la stipulation n'avait pas été révoquée.

Pourquoi donc ne citer que cet acte du 13 février 1830? Pourquoi convenir que la stipulation a été acceptée, et lui donner au même instant un caractère à l'aide duquel on espère la faire révoquer?

Mais d'après les principes qui ont été établis sur l'apanage, il est évident qu'on ne peut arriver par là au but qu'on se propose. L'acte du 13 février eût-il tous les caractères qui lui manquent, il est constant que l'acceptation qu'il renferme, n'aurait pu seule imposer à l'immeuble donné une affectation contraire à sa nature et à l'essence du contrat qui en avait transmis la propriété.

Le domaine de Chambord est donc resté dans la possession de M. le Duc de Bordeaux, tel qu'il lui a été transmis par l'acte d'adjudication du 5 mars 1821; c'est-à-dire propriété privée, et libre de toute affectation étrangère au contrat primitif.

La possession de M. le Duc de Bordeaux a donc commencé à cette époque, en vertu d'un titre incontestable. Elle a continué depuis d'être paisible et publique, jusqu'au trouble survenu le 5 décembre 1832.

. De quelque côté donc qu'on envisage cette possession , soit dans son origine , soit dans son titre ,
soit dans sa durée, elle réunit tous les caractères
définis par la loi, pour opérer la maintenue en
faveur de celui qui possède.

Que, plus tard, on conteste au fond le droit
de propriété résultant de l'acte du 5 mars 1821,
on le peut sans doute : c'est la question au pétitoire. Mais, quant à présent, on ne peut nier, du
moins, que ce ne soit là un titre apparent, en
vertu duquel on a dû se croire propriétaire, et
cela seul suffirait pour justifier la possession.

§ 3.

*Dans aucun cas, et en le supposant même apa-
nager, le domaine de Chambord n'a été possédé
précairement par M. le Duc de Bordeaux, et
n'a fait de plein droit retour au domaine de
l'État.*

Il nous reste à suivre l'État dans son propre système , et à le combattre sur le terrain où il veut
se retrancher.

On a vu que son principal motif , pour refuser
la possession à M. le Duc de Bordeaux , consiste
à soutenir que, le Duc n'ayant possédé que comme
apanagiste , la possession n'a eu lieu qu'à titre
précaire.

Le moment est venu de concéder un instant le fait pour détruire la conséquence qu'on s'efforce d'en tirer : il faut donc montrer que, quand même l'apanage aurait existé, M. le Duc de Bordeaux n'en devrait pas moins être maintenu dans la possession, parce que cette possession n'aurait rien eu de précaire.

En effet, celui-là possède précairement qui ne jouit pas pour son propre compte, et dont le titre même de possession est la reconnaissance du droit d'un tiers.

Les fermiers, les tuteurs, les administrateurs quelconques, ne sont que des détenteurs précaires.

Mais il ne faut pas croire que la possession est à titre précaire, par cela que le droit de propriété peut être contesté. Car alors il faudrait dire qu'il n'y aurait plus possession qu'autant qu'il y aurait propriété, et deux natures de droits entièrement distincts, qui peuvent être souvent opposés l'un à l'autre, se trouveraient ainsi entièrement confondues.

A plus forte raison, la possession n'est-elle pas précaire, lorsque le droit de propriété de celui qui possède est constant, mais peut être seulement résolu dans certains cas ; car il est bien évident qu'alors le possesseur jouit pour son propre compte, qu'il ne possède pas pour autrui, mais qu'il est vraiment propriétaire.

Tel est le cas de la substitution, tel est celui de l'apanage.

Car l'apanage, comme la substitution, transmet un véritable droit de propriété.

L'apanage, dit Lebrun, dans son Traité des successions, *à la différence du simple engagement, rend l'apanagé véritable propriétaire.*

Tous les auteurs anciens sont d'accord sur cette doctrine. Rousseau-Lacombe résume ainsi, en forme d'axiôme, leurs décisions et la jurisprudence : *l'apanagé est véritable propriétaire.*

« La clause de retour à la couronne a fait naî-
« tre le doute, et pourtant, observe judicieuse-
« ment M. Dupin dans la dissertation déja citée,
« elle est la principale preuve de la propriété de
« l'apanagiste. En effet, il serait superflu de sti-
« puler le droit de retour pour un usufruit qui
« cesse de plein droit par la mort ; il en faut une
« stipulation expresse pour la propriété qui se
« transmettrait à toujours sans cette précaution.

« Cette précaution a été prise *non pour dimi-*
« *nuer le droit de propriété*, mais *pour empêcher*
« *que les apanages ne passassent aux filles.*

« On ne peut donc confondre une propriété
« grevée avec un simple usufruit. »

Mais personne ne s'est exprimé avec plus d'é-
nergie à cet égard que M. l'avocat-général Sé-
guier, dans une cause solennellement discutée

entre M. le duc d'Orléans et les évêques de Chartres et d'Orléans, qui soutenaient que ce prince n'était pas propriétaire des biens qui formaient son apanage :

« *Cette propriété*, dit-il, *n'est grevée d'aucune*
« *autre charge que celle de retour à la couronne*
« à défaut de descendans mâles... Il est incontes-
« table qu'on peut envisager cette clause comme
« une véritable substitution, d'un genre beau-
« coup plus élevé que les substitutions ordinaires,
« substitution qui doit avoir lieu dans toute l'é-
« tendue des générations à venir, et qui ne doit
« s'éteindre qu'avec la descendance masculine du
« prince apanagé...., mais *de même* qu'un substi-
« tué n'est pas moins propriétaire de la chose
« qu'il doit transmettre, malgré la nécessité de la
« remise à laquelle il ne peut se soustraire, *de*
« *même* le prince apanagé ne doit pas moins être
« regardé comme *véritable propriétaire de son*
« *apanage*, quoiqu'il soit forcé de le remettre à
« toute sa descendance masculine, et, à défaut
« d'enfans mâles, au domaine dont il a été dé-
« membré. »

De cette assimilation de la propriété de l'apanagiste à la propriété du grevé de substitution, on doit conclure que toutes les actions relatives à l'apanage résident dans la personne de l'apanagiste.

En effet, dit Pothier (*Traité des substitutions*,

section V, art. 1ᵉʳ), « Le grevé de substitution étant, avant l'ouverture de la substitution, le vrai et seul propriétaire des biens substitués, il suit de là que *les actions actives et passives* résident *en sa seule personne.* Ipsi et in ipsum competunt.

Ce grave jurisconsulte enseigne la même doctrine en ce qui concerne les apanages, *Traité des Fiefs, part.* 1ʳᵉ *ch.* 1, et dit positivement que *les princes apanagistes sont vrais propriétaires.*

Le savant auteur du Répertoire de jurisprudence professe les mêmes principes.

Concluons donc que M. le Duc de Bordeaux, n'eût-il possédé Chambord qu'à titre d'apanage, l'aurait possédé comme véritable propriétaire, et non précairement.

Il est difficile de méconnaître ces principes; mais voici ce qu'on objecte.

La possession du prince serait bonne et utile à l'égard de tous autres que l'État : mais à l'État on ne peut l'opposer.

Ce n'est là qu'une confusion de principes.

On veut appliquer à l'apanagiste propriétaire ce qui ne concerne que le possesseur précaire : on veut assimiler un véritable droit de propriété à une possession momentanée, et dont le caractère est de cesser à la volonté de celui de qui on la tient. Le précaire, suivant le droit romain, est ce qui est donné à quelqu'un pour en jouir autant de temps que celui qui l'a accordé le trouvera bon : *Precarium est quod precibus petenti utendum conceditur, quamdiù is qui concessit patitur.* (I. 1ᵉʳ §, de precario.)

Mais est-ce là le caractère de la possession telle qu'elle est transmise par l'apanage? Dépend-il de la volonté de celui qui l'a constitué d'en faire cesser les effets hors les cas prévus? Pense-t-on que, si l'État fût venu dire autrefois à un prince apanagé que son apanage devait faire retour pour quelque cause que ce fût, mais autre que celles où ce retour avait lieu d'après les lois, le prince aurait abandonné son apanage, et n'aurait pas été maintenu contre l'État dans sa possession jusqu'à ce que la cause de résolution eût été jugée?

Celui-là même, tel que l'emphytéote, qui ne possède que pour un temps déterminé, mais qui a *la propriété utile*, peut, s'il est troublé dans sa possession, la défendre et s'y faire maintenir même contre celui dont il tient le fonds. *Qui in perpetuum fundum fruendum conduxerunt a municipibus, quamvis non efficiantur domini, tamen placuit competere eis in rem actionem, adversùs quemvis possessorem,* SED ET ADVERSUS MUNICIPES.

Ce principe a été consacré, dans les termes suivans, par un arrêt de la Cour de cassation, du 26 juin 1822, dont on cherche en vain à écarter l'autorité et l'application dans la cause.

« Le preneur (l'emphytéote) possède le do-
« maine utile qui lui est transmis par l'effet de ce
« partage, comme propriétaire, pouvant, pen-
« dant la durée du bail, en disposer par vente, do-
« nation, échange ou autrement, avec la charge
« toutefois des droits du bailleur, pouvant, pen-
« dant le même temps, exercer l'action *in rem*
« pour s'y faire maintenir contre tous ceux qui
« l'y troublent *et contre le bailleur lui-même* (1). »

Si cela est vrai de l'emphytéote, dont la propriété pourtant est limitée à un temps donné, avec combien plus de force ces principes ne s'appliquent-ils pas à l'apanagiste, qui, lui, n'a pas une propriété bornée à un temps défini, et qui peut être propriétaire à toujours, si les cas prévus de retour ne se réalisent pas !

Mais, après tout, ces principes si constans pouvaient être nécessaires à établir, lorsque le prince apanagiste tenait de l'État sa possession.

Mais est-ce de l'État que M. le Duc de Bordeaux tient la sienne?

L'État n'a été pour rien dans le contrat du 5 mars 1821, ni dans les actes postérieurs qui sont intervenus.

---

(1) *Sirey*, tom. **XXII**, part. I, p. 366.

Le domaine de Chambord ne venait pas de l'État.
Il ne pouvait donc, dans aucun cas, y faire retour.

« Mais, a-t-on dit pour l'État, et comme par
« forme surabondante, l'État est le représentant
« de la masse des intérêts particuliers : par ana-
« logie aux principes qui décident du sort des
« successions vacantes, l'État est investi du droit
« des souscripteurs anonymes; ainsi il a droit et
« qualité pour profiter du retour auquel donne
« lieu l'extinction de l'apanage. »

Mais avant de vous mettre aux droits des souscripteurs, représentez le mandat que vous en
avez reçu : car c'est précisément parce qu'il s'agit
d'intérêts particuliers que l'État ne peut pas les
représenter, et la preuve que ces intérêts ne font
pas masse, qu'ils se divisent, c'est que vous ne
vous présentez vous-même que comme investi
du droit des souscripteurs anonymes. Mais pourquoi seuls auraient-ils droit au retour que les autres ne demandent pas? Comment le domaine
ferait-il retour pour les uns et ne le ferait pas
pour les autres? Non, si l'État a un droit, il faut
qu'il le puise en lui-même, et la preuve la plus
forte qu'il n'en a pas, c'est la nécessité où il se
trouve d'invoquer sans mandat les droits de quelques souscripteurs.

Mais soit État, soit souscripteurs, avant de
troubler la possession, il faut qu'ils commencent
par établir que le cas du retour est arrivé, et que

le droit sur l'apanage a été résolu. Or, c'est la question de propriété tout entière à discuter.

On cherche à créer pour l'État une espèce de droit de deshérence, comme si la succession du prince était vacante.

Mais le Duc de Bordeaux est-il mort civilement?

Tout, dans la cause, répond que non; il use du plus noble droit de la vie civile, celui d'invoquer la justice devant les tribunaux.

A-t-il perdu la qualité de prince français?

Aucune loi ne la lui a ôtée : mais la perte même de cette qualité n'affecte que la personne, elle n'affecte pas la propriété.

Un domaine peut perdre les titres de principauté, de seigneurie, qui le décoraient, mais le domaine reste et la propriété demeure la même.

La dissertation déja citée de M. Dupin aîné dans la cause de M. le duc d'Orléans, nous fournira un argument d'une grande force à cet égard. Il y discute le décret du 4 août 1789, qui détruisit entièrement le régime féodal, et en détermine en ces termes les effets :

« Quoique dans la nuit du 4 août 1789 on eût
« rendu le fameux décret par lequel l'assemblée
« nationale *détruisit entièrement le régime féo-*
« *dal*, on ne prétendit jamais en conclure que
« par le même coup les apanages se trouvaient
« supprimés.

« Tous les droits seigneuriaux qui y étaient at-

« tachés furent sans doute abolis, *mais la pro-*
« *priété foncière*, purgée de féodalité, conserva
« *sa nature, sa destination,* et *ne fut pas enle-*
« *vée aux titulaires.* »

Prétendre, contrairement à ces principes,
qu'une propriété, parce qu'elle aurait cessé d'être
apanagère, aurait été enlevée à son propriétaire,
ne serait-ce pas rétablir la confiscation ?

Voici ce que dit encore à ce sujet M. Dupin
dans son Traité des Apanages (page 204): « On vit
« aussi la révolution, dans ce qu'elle eut d'exas-
« péré, abuser de l'arme odieuse de la confiscation
« pour dépouiller toute une race sous prétexte de
« la faute d'un seul de ses membres. Mais le lé-
« gislateur, auquel était réservée la glorieuse
« tâche de fermer l'abîme des révolutions, a mis
« au rang des maximes fondamentales de l'État,
« que la peine de la confiscation des biens est abo-
« lie et ne pourra pas être rétablie. »

Que peut-on ajouter de plus fort pour la question qui nous occupe?

Mais si M. le Duc de Bordeaux n'est pas mort
civilement, si, même en admettant qu'il ait perdu
la qualité de prince français, le domaine, privé
seulement de ce titre, a conservé *sa nature* et *sa*
destination, que deviennent ce prétendu droit de
deshérence et ce retour par extinction?

Veut-on qu'il y ait encore du doute sur ces

graves questions? Du moins faut-il reconnaître qu'elles sont encore à décider, et qu'elles ne peuvent être en aucune manière préjugées au possessoire. Car prétendre que la possession a été interrompue en 1830, parce que le droit sur l'apanage a été résolu de plein droit, ce n'est plus juger la possession ; c'est juger le fond du droit, c'est trancher une question de propriété. Eh! quoi donc! la loi ne veut pas, dans le cas même où une clause résolutoire est nécessairement sous-entendue, que la résolution ait lieu de plein droit; elle exige qu'elle soit demandée en justice (Code civil, art. 1184), et l'on voudrait faire admettre qu'un titre de propriété a été résolu de plein droit par un événement qui, non-seulement n'avait pas été prévu dans ce titre, mais qui ne pouvait pas l'être ; on voudrait faire rétroagir une pareille cause, et l'on prétendrait que, sans demande en justice, elle a pu interrompre une possession légalement commencée !

Non, il n'en peut être ainsi, et M. Thil le reconnaissait devant la chambre des députés, dans son rapport du 12 février 1831, sur l'ancienne liste civile, où il établissait la nécessité de soumettre aux tribunaux toutes les questions relatives à Chambord.

Cette nécessité n'a pas été reconnue avec moins d'énergie dans un rapport tout récent, fait à la

chambre des députés par M. Parant, avocat-général à la Cour de Cassation.

Voici comment il s'exprime :

« La question relative au domaine de Cham-
« bord, se reproduisait naturellement à propos
« des biens privés du chef de la famille déchue.
« Pour juger si ce domaine doit faire retour à
« l'État, il faut nécessairement savoir s'il a été
« donné au Duc de Bordeaux, et accepté en son
« nom à titre d'apanage ou à titre particulier. —
« *Or, c'est là une question judiciaire que les tri-*
« *bunaux ont seuls le droit de résoudre, après*
« *débats contradictoires sur la provocation des*
« *agens du domaine.* Nous avons dû, en consé-
« quence, nous abstenir de prononcer. »

Donc, par cela même que la question est encore
à juger, il faut convenir que le droit de propriété
n'a pas été résolu de plein droit ; et lorsque le
droit de propriété est encore à débattre, et qu'il
reste au moins incertain, comment l'État, qui n'a
que la possibilité d'élever un litige à cet égard,
pourrait-il se prévaloir d'une prétendue tolérance
envers le prince qui est en possession ?

Donc, à quelque époque et sous quelque rapport
qu'on envisage la possession de M. le Duc de Bordeaux, il faut reconnaître qu'il n'y a eu, dans sa
possession, ni tolérance ni précarité, mais qu'elle

a été complète, régulière, et qu'il a titre légal pour y être maintenu.

Résumé du Mémoire.

Résumons maintenant toute cette discussion.

La possession de M. le Duc de Bordeaux a été *paisible*, *publique* ; l'État le reconnaît lui-même.

Elle n'a pas eu lieu à titre précaire : car ce serait à l'État à prouver la précarité du titre, parce qu'il est, dans la réalité, demandeur afin d'être mis en possession, M. le Duc de Bordeaux ne faisant que défendre à la voie de fait et au trouble ; et parce que le vice de précarité ne tenant pas aux caractères extérieurs de la possession, mais à sa cause, à son titre, *la présomption légale est en faveur de celui qui possède, s'il n'est prouvé qu'il a commencé à posséder pour un autre.* (Code civil, art. 2230.)

Or, l'État ne fait pas la preuve que le titre ait été précaire : car il prétendait la faire résulter de ce qu'il y aurait eu apanage, et il a été démontré que Chambord n'a pas été considéré comme apanage, qu'il n'a pas été constitué comme tel, qu'il n'aurait pu l'être qu'en vertu d'une loi.

La preuve de la précarité du titre n'étant pas faite par l'État, M. le Duc de Bordeaux serait dispensé de justifier sa possession : car son titre est dans le fait même qu'*il possède.* Néanmoins, il a été établi que sa possession était incontestable par *son origine*, *son titre*, *ses caractères*.

Son origine et son titre : ils se trouvent dans l'acte d'adjudication du 5 mars 1821, acte authentique et complet, qui emporte la transmission de propriété la plus immédiate, et auquel des actes postérieurs quelconques n'ont pu rien ôter de ce qui constitue son essence.

Ce titre pourrait-il être contesté, c'est le droit de propriété qui serait à juger; ce serait la question du fond. Jusque là, il y a nécessité de reconnaître que cet acte est au moins *un titre apparent*, en vertu duquel on a pu se croire propriétaire, et qui suffit pour rendre la possession légale.

Les caractères de la possession : reconnue par l'État *paisible* et *publique*, elle est plus qu'*annale*; car elle a commencé le 5 mars 1821, et lors même qu'elle n'aurait commencé, ainsi que le prétend l'État, qu'en février 1830, elle aurait duré plus *d'an et jour*, car elle n'a été troublée que le 5 *décembre* 1832.

Elle ne serait incomplète, qu'autant qu'elle eût été *précaire.*

Mais, même en concédant à l'État que Chambord eût été constitué en apanage, la possession du prince n'en serait pas moins inattaquable, car *l'apanagé est véritable propriétaire* : il jouit donc pour son propre compte, il fait la *possession sienne*.

Cette possession, même en l'admettant fondée sur un titre d'apanage, aurait donc eu lieu *à titre non précaire*, et les événemens de 1830 n'auraient pu, même dans ce cas, rien changer au titre en vertu duquel elle aurait commencé : car, il est de principe que *la possession continue comme elle a commencé* jusqu'au trouble qui en intervertit les caractères, et le trouble n'est survenu que le 5 décembre 1832 ; car, d'autre part, il est constant que le droit du prince sur l'apanage ne se trouverait pas éteint et résolu de plein droit par un événement en dehors de toutes les clauses et prévisions du titre constitutif de l'apanage.

Le droit de propriété reste donc toujours à juger, ainsi qu'il a été solennellement reconnu devant la chambre des députés.

L'État est donc jusque là sans aucun droit de retour, et M. le Duc de Bordeaux, *qui possède*, doit être incontestablement *gardé et maintenu dans sa possession.*

Délibéré à Paris, le 4 février 1834, en séance du conseil de la tutelle de M. le Duc de Bordeaux, où étaient comme conseils MM. Pardessus, de Vaufreland, Bérard des Glajeux, Jules Gossin et Guichard père.

JUGEMENT

DU TRIBUNAL DE BLOIS,

AUDIENCE DU 19 FÉVRIER 1834,

Entre Monsieur le Duc de Bordeaux, appelant d'un jugement rendu par le juge de paix de Bracieux, en date du 21 février 1833, M° *Maigreau*, avocat, et M° *Lemaignen*, avoué ;

Et l'État, représenté par Monsieur le Préfet de Loir-et-Cher, M°*Derouet*, avocat.

————

Ouï M. Chartier juge en son rapport ;

Et parties ouïes en leurs plaidoiries et conclusions par l'organe de leurs avocats et avoués ; ensemble M. le procureur du roi en ses conclusions ;

Le tribunal, etc., après en avoir délibéré, jugeant en dernier ressort ;

Considérant qu'il ne s'agit point ici de décider si M. le Duc de Bordeaux est, ou non, propriétaire du domaine de Chambord, mais seulement de rechercher, si, depuis une année au moins, il en était en possession , lorsque l'État a fait apposer le séquestre sur ce domaine , le 5 décembre 1832;

Considérant qu'aux termes de l'article 23 du Code de procédure civile, il suffit, pour être maintenu en possession d'un bien dont on est détenteur matériel , d'en avoir joui pendant plus d'une année, publiquement, paisiblement, et à titre non précaire ;

Considérant, en fait, que pendant plus d'une année avant le 5 décembre 1832, époque de la demande de l'État, M. le Duc de Bordeaux a possédé Chambord *publiquement et paisiblement ;* qu'il en a perçu les revenus, ordonné par lui ou ses agens les dépenses, reçu les comptes, fait faire les réparations, affermé en son nom, fait procéder à des adjudications publiques; qu'enfin sa possession réelle a été manifestée par les signes et les caractères extérieurs les moins équivoques;

Considérant que l'État, sans nier que la possession de M. le Duc de Bordeaux ait été publique et paisible, prétend qu'elle n'a eu lieu qu'à *titre précaire ;* que conséquemment il ne peut jouir des prérogatives conférées par l'article 23 ci-dessus cité.

Que pour démontrer cette précarité, on prétend au nom de l'État 1° que Chambord n'a été possédé par M. le Duc de Bordeaux que *comme apanage ,* que toute possession à ce titre est essen-

tiellement précaire à l'égard de l'État ; que le cas
d'extinction étant survenu par suite des événemens politiques de 1830, qui ont enlevé à M. le
Duc de Bordeaux sa qualité de prince français, le
retour a dû s'en opérer immédiatement au domaine
de l'État ; que toute possession continuée ultérieu-
rement n'a pu avoir d'autre caractère que celui
qu'elle avait primitivement ; que conséquemment
elle n'a cessé d'être précaire ;

2° Qu'en admettant que l'acceptation faite par
le roi Charles X, le 13 février 1830, du domaine
de Chambord *à titre d'apanage*, pour son petit-
fils, n'ait pas été suffisante pour imprimer ce caractère à cette propriété, alors cet acte d'acceptation d'une donation, irrégulier et nul aux termes
du droit civil, et ne pouvant être scindé, entraî-
nerait avec lui l'anéantissement de l'acte primitif
de donation ; de sorte que Chambord, acheté par la
France représentée par la commission administra-
tive, n'aurait pas cessé de lui appartenir comme
domaine de l'État, et que la possession du Duc, fondée sur l'acte incomplet du 5 mars 1821, n'aurait
pu être que de simple tolérance ou précaire ;

Considérant que si les juges de paix, statuant
en matière possessoire, peuvent et doivent même,
pour déterminer si une possession est, ou non,
précaire, consulter les titres des parties, et y
rechercher le principe de leur possession, ce droit

se borne évidemment à puiser des renseignemens dans des titres réguliers, incontestés, ayant un sens clair et précis; tel que serait un bail régulier en la forme et applicable au fond, produit par un propriétaire contre son fermier demeuré en possession; mais que cette faculté ne peut s'étendre jusqu'au point d'interpréter ces titres, de leur assigner un sens, un caractère, un effet, qui ne ressortent pas explicitement, littéralement, de leur contexte; de rendre, pour ainsi dire, jugement sur le mérite intrinsèque, sur la valeur légale, d'actes, de documens, de circonstances, dont l'appréciation peut présenter en droit les plus sérieuses difficultés;

Faisant l'application de ces principes, et relativement au premier moyen présenté par l'État;

Considérant que, pour pouvoir établir qu'il y a eu possession précaire en tant qu'apanagère, il faut d'abord décider explicitement, ou au moins implicitement, comme l'a fait le jugement dont est appel, qu'il y a eu apanage;

Considérant en premier lieu, sur cette question, que l'État ne rapporte pas un acte régulier, passé conformément aux lois du royaume, et portant érection du domaine de Chambord en apanage; que les actes et documens qu'il représente pour y suppléer, n'ont point ce caractère de régularité légale qui, jointe à la précision dans les termes, exclut tout doute et prouve explicitement, et sans interprétation, qu'il y a eu apanage ; enfin qu'on représente au nom de M. le Duc de Bordeaux des titres et des documens qui paraissent en opposition formelle avec ceux produits par l'État ;

Qu'en effet, si d'une part des souscripteurs ont émis le vœu que Chambord fût érigé en apanage, d'autres, en aussi grand nombre, n'ont manifesté aucun vœu à cet égard ; que si par l'acte d'acceptation du 13 février 1830, Charles X, sur la proposition de M. de la Bouillerie, intendant de la liste civile, a accepté, pour son petit-fils le domaine de Chambord à *titre d'apanage;* d'un autre côté, on ne rencontre aucune mention de cette qualification ni dans l'acte primitif d'acquisition ou de donation du 5 mars 1821, ni dans l'acte du 27 janvier 1830, par lequel la commission générale des souscripteurs unis a supplié le roi d'accepter Chambord pour son petit-fils ; que bien plus, il résulte d'une note marginale que ces mots *à titre d'apanage*, qui se trouvaient dans le premier projet, en ont été retranchés par délibération de la commission, qu'enfin il n'en a été aucunement question dans le discours d'offrande prononcé le 7 février suivant par le président de la commission.

Considérant que l'acte d'acceptation du 13 février 1830 est l'objet, en la forme et au fond, des plus vives critiques de la part de M. le Duc de Bordeaux ; qu'en effet on lui reproche en premier lieu de n'être ni une loi, ni même une ordonnance, contresignée par un ministre responsable, mais d'être un simple acte d'administration intérieure passé entre le roi Charles X et l'intendant de la liste civile ;

2° On refuse ensuite au roi Charles X la qualité de *tuteur aux biens* du Duc de Bordeaux, et conséquemment le droit d'acceptation à quelque titre que ce soit ; on se fonde, à cet égard, sur l'ordonnance du roi Louis XVIII, du 24 avril 1820, qui, en réservant à la couronne de France les droits de puissance paternelle sur la personne de M. le Duc de Bordeaux, maintient dans les termes du droit commun tout ce qui a rapport à ses biens ;

3° On fait ressortir avec force la contrariété d'expressions qui se rencontre entre les offres et l'acceptation, et on nie qu'il ait pu être dans le droit d'un tuteur, en reconnaissant même hypothétiquement cette qualité au roi Charles X, d'accepter pour son pupille, autrement qu'il était offert, et par là de rendre pire sa condition, en modifiant son droit de propriété ;

Considérant que, dans un pareil état de choses, le juge du possessoire, qui n'a point qualité pour apprécier le mérite des actes, qui doit s'en tenir à leur simple inspection, ne peut, en présence de documens aussi contradictoires et d'aussi graves difficultés, qui évidemment touchent au droit de propriété, que se borner à déclarer que l'apparence des actes et documens produits n'est point telle qu'on doive nécessairement en induire présomption d'apanage constitué, et par suite possession apanagère;

Considérant qu'en admettant qu'il y ait eu apanage, pour arriver à déclarer la précarité de la possession du Duc, il faudrait décider pour l'affirmative cette grave question de droit public, consistant à savoir si les événemens politiques de 1830, en enlevant à M. le Duc de Bordeaux son droit à la couronne de France et sa qualité de prince français, en anéantissant tout ce qu'il y avait de politique et d'exorbitant du droit commun dans son droit de propriété ou de possession, l'ont en même temps dépouillé, et *immédiatement*, du domaine utile sur les biens faisant l'objet de l'apanage;

Que cette question qui manifestement touche au fond du droit, à la propriété, est digne des plus hautes méditations, et n'est en aucune manière susceptible d'être appréciée par le juge du possessoire;

Considérant que, même en concédant hypothétiquement que le cas d'extinction de l'apanage fût arrivé, et que le retour dût s'en opérer au profit d'un tiers quelconque, M. le Duc de Bordeaux a dénié à l'État qualité pour en profiter, et ce, par le motif que la terre apanagée n'avait pas été un démembrement du domaine de l'État, mais le produit de l'association de nombreux souscripteurs anonymes ou connus, qui tous pouvaient avoir des droits à prétendre par eux-mêmes ou leurs ayant cause;

Considérant, en droit, que pour que l'action de celui qui prétend qu'un possesseur ne détient que précairement, soit admise, il faut que sa qualité pour agir soit incontestée, ou qu'elle résulte manifestement des titres et documens produits; que dans l'espèce où il n'y a rien d'explicite, et où les apparences sont contestables, ce ne pourrait être que par la solution affirmative de ces graves questions de constitution d'apanage et de retour au profit de l'État, que sa qualité serait déterminée;

Que la solution de ces graves questions, tenant à l'essence même de la propriété, échappe complètement à la compétence du juge du possessoire, qui est essentiellement juge du fait et non du droit; que ce ne pourrait donc être qu'après que les tribunaux ordinaires auraient reconnu ce droit de retour, qu'une prise de possession de la part de l'État pourrait être maintenue au possessoire;

Sur le deuxième moyen présenté au nom de l'État et relatif à la nullité de la donation et de l'acceptation;

Considérant que, pour repousser la qualification

de précarité donnée à la possession , M. le Duc de Bordeaux présente l'acte d'acquisition du 5 mars 1821, dont la stipulation est ainsi conçue : *lequel* (sieur de Calonne) *a déclaré accepter ladite adjudication au nom de la commission générale de la souscription de Chambord, dont il est membre, et dont il a déclaré avoir charge et pouvoir, et se porter fort*, *et* pour ÊTRE FAIT HOMMAGE *dudit domaine de Chambord au nom de la France à* S. *A. R.* Mgr *le Duc de Bordeaux*, AU PROFIT DUQUEL LEDIT DOMAINE EST EN CONSÉQUENCE ACHETÉ DÈS A PRÉSENT, et prétend que cet acte lui a transmis une propriété immédiate, un *jus in re* positif, qui a pu servir de base à une possession de bonne foi et à titre de propriétaire ;

Considérant que, pour qu'un pareil acte pût être péremptoirement écarté, et n'exerçât aucune influence sur la nature de la possession , il faudrait qu'il fût frappé d'une de ces nullités apparentes, absolues, formellement prévues par les lois; qu'au contraire il est authentique, incontesté dans sa forme;

Que si, d'une part, l'état le considère comme un acte de donation entre-vifs, nul par défaut d'acceptation, ou comme n'ayant été suivi que d'une acceptation vicieuse et nulle; de l'autre, M. le Duc de Bordeaux le regarde comme étant la stipulation permise par l'article 1121 du Code civil, laquelle n'exige point d'acceptation authentique, mais reçoit sa sanction du fait seul de son exécution, et notamment par la prise de possession, qui en est, dans ce cas, la moins équivoque acceptation;

Considérant qu'en présence de cette double prétention il n'appartient pas au tribunal, comme juge du possessoire, d'apprécier le mérite et de déterminer la nature de cet acte ;

Que si le véritable sens à assigner à sa stipulation est susceptible de controverse; si au fond l'ambiguité de ses expressions peut donner lieu, devant le juge du pétitoire, aux plus graves contestations, on ne peut cependant s'empêcher de reconnaître, à l'inspection seule des titres et sur les apparences, que ses termes sont tels qu'ils n'excluent pas péremptoirement et *de plano* l'idée, que la possession de M. le Duc de Bordeaux n'ait pas eu lieu de bonne foi et à titre non précaire ;

Considérant que, si, de tous ces faits et circonstances, il n'est pas résulté la preuve manifeste que la possession de M. le Duc de Bordeaux n'ait pas été précaire, de l'autre côté il est bien certain que cette précarité n'a pas été suffisamment démontrée au nom de l'État;

Considérant, en droit, que c'est à celui qui prétend qu'un possesseur réel et paisible ne possède qu'à titre précaire, c'est-à-dire par tolérance de sa part, à le prouver; qu'en effet, aux termes de l'art.

2230 du Code civil, *on est toujours présumé* posséder pour soi et à titre de propriétaire, *s'il n'est prouvé* qu'on a commencé à posséder pour un autre ; que le fait même de la possession est le titre du possesseur, et établit en sa faveur la présomption légale qui le dispense de toute preuve, et subsiste jusqu'à preuve contraire ;

Qu'il serait subversif de toutes les notions de la raison et du droit d'imposer au possesseur troublé la preuve négative que sa possession n'est pas précaire, comme aussi d'admettre que toute personne, sans justification aucune, par le seul fait qu'elle a jugé à propos de troubler par un acte judiciaire, ou une voie de fait matérielle, un possesseur paisible, peut avoir le droit de lui faire rendre compte de la nature de sa possession ;

Que ce système, présenté au nom de l'État, repose sur une erreur et sur la confusion qu'on a faite des termes et qualifications de procédure avec le fond même des choses ; que si M. le Duc de Bordeaux est demandeur afin de maintenue en possession, il est en réalité défendeur au fond ;

Que le véritable demandeur est celui qui dit à l'autre : *Vous êtes en possession, je le reconnais, mais vous ne jouissez que précairement et par condescendance de ma part ; déguerpissez et laissez-moi la possession ;* et non celui qui se borne à répondre : *Je suis en possession, rien ne prouve contre moi qu'elle soit précaire, je demande donc à y être maintenu ;* qu'il est en effet une règle d'éternelle justice, c'est que celui qui prétend un droit, doit le justifier ;

Considérant d'après ce, que c'était à l'État, qui a prétendu que la possession de M. le Duc de Bordeaux n'était que précaire, qu'incombait la preuve de cette précarité ; que cette preuve n'ayant pas été suffisamment administrée, ce n'était pas le cas de prononcer la dépossession de ce dernier ;

Par ces motifs, le tribunal reçoit M. le Duc de Bordeaux appelant du jugement du juge de paix du canton de Bracieux, du 21 février 1833, enregistré ;

Dit qu'il a été mal jugé, bien appelé, émendant et faisant ce que le premier juge aurait dû faire ;

Donne main-levée du séquestre apposé par l'état sur le domaine de Chambord, et des oppositions qui en ont été la suite ;

Maintient M. le Duc de Bordeaux en possession dudit domaine, et condamne l'État aux dépens de première instance et d'appel ;

Ordonne la restitution de l'amende consignée le 24 janvier dernier.

Fait et jugé à l'audience publique du tribunal civil de première instance de l'arrondissement communal de Blois, séant audit Blois, département de Loir-et-Cher, le dix-neuf février mil huit cent trente-quatre, et prononcé par M. Louis Bergevin, président, où étaient MM. Louis-Jacques Delaine, Adrien-Michel Gaullier, François-Pierre Leddet, et Jules-René Chartier, juges audit tribunal, en présence de M. le procureur du roi, assisté du greffier.

Signé BERGEVIN, président, et LEROUX, greffier.

A. PIHAN DE LA FOREST,
IMPRIMEUR DE LA COUR DE CASSATION,
Rue des Noyers, n° 37.